CB059955

Fraternidade

EDGAR MORIN

Fraternidade
Para resistir à crueldade do mundo

TRADUÇÃO
Edgard de Assis Carvalho

Palas Athena

Título original: *La Fraternité, pourquoi?*

Copyright © 2019 Actes Sud

Grafia segundo o Acordo Ortográfico da Língua Portuguesa de 1990, que entrou em vigor no Brasil em 2009.

Coordenação editorial: Lia Diskin
Revisão: Neusa M. Valério e Rejane Moura
Capa, Projeto gráfico, Produção e Diagramação: Jonas Gonçalves

Dados Internacionais de Catalogação na Publicação (CIP)
(Câmara Brasileira do Livro, SP, Brasil)

Morin, Edgar, 1921-
  Fraternidade : para resistir à crueldade do mundo / Edgar Morin ; tradução Edgard de Assis Carvalho. -- São Paulo : Palas Athena, 2019.

  Título original: La fraternité, pourquoi?
  Bibliografia.
  ISBN 978-85-60804-52-8

  1. Fraternidade 2. Solidariedade I. Título.

19-31757   CDD-177

Índices para catálogo sistemático:

1. Fraternidade humana : Filosofia 177
Maria Paula C. Riyuzo - Bibliotecária - CRB-8/7639

2ª edição, junho de 2021

Todos os direitos reservados e protegidos
pela Lei 9610 de 19 de fevereiro de 1998.

É proibida a reprodução total ou parcial, por quaisquer meios, sem a autorização prévia, por escrito, da Editora.

Direitos adquiridos para a língua portuguesa por Palas Athena Editora.

Alameda Lorena, 355 – Jardim Paulista – 01424-001 – São Paulo, SP – Brasil
Fone (11) 3050-6188
www.palasathena.org.br
editora@palasathena.org.br

Sumário

1. Liberdade, Igualdade, Fraternidade.................. 11
2. Fraternidade fechada e aberta......................... 14
3. Fontes biológicas da fraternidade: a ajuda mútua............. 17
4. Concórdia e discórdia: pai e mãe de todas as coisas......... 22
5. Fontes antropológicas da fraternidade................ 25
6. Fraternidade humana..................................... 27
7. Minhas fraternidades..................................... 29
8. Individualismo e solidariedade......................... 35
9. Paradoxos da mundialização............................ 39
10. Oásis de fraternidade.................................... 42
11. Mudar de via?... 47
12. Fraternizar na incerteza................................. 50

Notas... 55
Bibliografia.. 58

1. Liberdade, Igualdade, Fraternidade

Liberdade, igualdade, fraternidade são três termos complementares que, contudo, não se integram automaticamente entre si. Por quê? Porque a liberdade, sobretudo a econômica, tende a destruir a igualdade, o que nos dias atuais pode ser constatado com o crescimento do liberalismo econômico que provoca imensas desigualdades. Em contrapartida, impor a igualdade atenta contra a liberdade. O problema é saber como combiná-las. Mesmo que sejam promulgadas leis que assegurem a liberdade ou imponham a igualdade, não se pode impor a fraternidade por meio de lei. A fraternidade não pode ser imposta por uma instância estatal superior, mas deve fazer parte integrante de nós mesmos. Certamente, temos solidariedades sociais como a Seguridade Social, o seguro-desemprego, mas elas são organizadas burocraticamente, não contribuem em nada para a relação afetiva, afetuosa de pessoa a pessoa, base da fraternidade. A trindade Liberdade-Igualdade-Fraternidade é inteiramente diferente da trindade cristã, na qual os três termos se geram mutuamente.[1]

A fraternidade nos coloca então um primeiro problema: ela não pode ser imposta por uma instância superior ou exterior – só pode originar-se das pessoas humanas. A fonte da fraternidade reside em nós. Onde?

Para isso, é necessário levar em conta o fato de que, enquanto sujeito, todo indivíduo possui em si mesmo praticamente dois softwares. O primeiro é um software egocêntrico: "sujeito reflexivo-eu"[2]. Por isso, cada um se autoafirma situando-se no centro do mundo, ou pelo menos de seu próprio mundo. Esse software é necessário, pois se não o tivéssemos não seriamos aptos a nos alimentar, a nos defender, a querer viver. Há, porém, um segundo software que se manifesta desde o nascimento, quando o recém-nascido espera pelo sorriso, pelo carinho, pelo afago, pelo olhar da mãe, do pai, do irmão... Desde a infância, precisamos do "nós" e do "tu" que nos reconhece como sujeito análogo a "si mesmo", que se aproxima afetivamente desse si, mesmo sendo inteiramente outro. Os seres humanos precisam do florescimento do seu "eu", mas este não pode produzir-se plenamente a não ser no "nós". O "eu" sem o "nós" se atrofia no egoísmo e sucumbe na solidão. O "eu" precisa pelo menos do "tu", de uma relação de pessoa a pessoa afetiva e afetuosa. As fontes do sentimento que nos impulsionam na direção do outro, de modo coletivo (nós) ou pessoal (tu) constituem portanto as fontes da fraternidade.

2. Fraternidade fechada e aberta

Existe a fraternidade fechada e a fraternidade aberta. E isso deve ser sempre levado em conta. A fraternidade fechada se limita no "nós" e exclui tudo que seja estranho a esse "nós". É necessário até mesmo dizer que o inimigo fomenta a fraternidade patriótica, mas evidentemente contra ele mesmo e, muitas vezes, contra a humanidade.

A Pátria suscita uma fraternidade ambivalente: a palavra começa com um sentido masculino paterno e termina com outro feminino materno: em si mesma, contém a autoridade legítima do pai e o amor envolvente da mãe. Devemos-lhe obediência e amor. Mas essa fraternidade se fecha hermética e inumanamente no nacionalismo, que considera sua nação como superior a qualquer outra e que, por isso, arvora-se ao direito legítimo de oprimi-la.

No sentido oposto do nacionalismo, o patriotismo permite uma fraternidade aberta, e ainda mais quando reconhece plena humanidade ao estrangeiro, ao refugiado, ao migrante. O patriotismo pode conter o sentimento de inclusão da pátria na comunidade humana que, nos dias atuais, é a comunidade de destino de todos os seres humanos do planeta.

Recentemente ocorreu um acontecimento de fraternidade patriótica explícita, provocado pela vitória da seleção francesa de futebol ao final do Copa do Mundo de 2018. Uma alegria coletiva fez com que fossem esquecidos os pequenos e grandes racismos – o time francês era formado por jogadores negros e de ascendência estrangeira. Não houve manifestação de desprezo e nem ofensa dirigidas ao adversário (e não inimigo) vencido, a Croácia. Eu estava na rua, no Quai Voltaire, onde desfilavam carros e transeuntes. Alguns deles, como os magrebinos, por exemplo, erguiam ao mesmo tempo as bandeiras argelinas e francesas; os afro-franceses agitavam a bandeira tricolor. Claro, tratava-se de um momento de intensa fraternização, que foi provisória e desapareceu na manhã seguinte, que despontou sombria e prosaica.

Não esqueçamos também que a fraternidade defronta-se com a lei de qualquer regime marcado pela discriminação e pela opressão. Durante o regime de Vichy sob a ocupação alemã, camponeses humildes, zeladores de prédios urbanos, alguns aristocratas acolheram judeus, estrangeiros ilegais, resistentes que corriam risco de vida. Eu mesmo fui um deles. Junto com meu amigo Jean Krazatz, que havia sido marinheiro em Hamburgo e combatente na Espanha, e outros estrangeiros perseguidos, fui acolhido na casa da senhora Robène, uma agricultora que vivia em Pechbonnieu, perto de Toulouse. Há pouco tempo essa mulher admirável foi agraciada e condecorada postumamente e fiquei muito feliz de prefaciar o livro a ela dedicado. Nos dias atuais, lamentavelmente, mesmo que a divisa "Liberdade, Igualdade, Fraternidade" tenha substituído o "Trabalho, Família, Pátria" do regime de Vichy, as ações fraternas de humildes camponeses alpinos que ajudavam e acolhiam sofridos refugiados miseráveis que tentavam atravessar os Alpes, foram condenadas pela justiça, e a fraternidade transformada em delito e crime.[3]

3. Fontes biológicas da fraternidade: a ajuda mútua

Em *A origem das espécies por meio de seleção natural*[4] (1859-1860), Charles Darwin fundou a evolução biológica a partir da seleção natural. Mesmo que tal seleção possa eventualmente favorecer as ajudas mútuas e as cooperações, ela foi principalmente interpretada como algo que confirmava o desenvolvimento dos mais agressivos e melhor adaptados a um mundo conflitual: posteriormente foi utilizada como justificação pseudocientífica do darwinismo social, exposta por Thomas H. Huxley em "The Struggle for Existence in Human Society" [A luta pela existência na sociedade humana] (1888).

O pensador libertário Piotr Kropotkin (1842-1921)

opôs-se veementemente não apenas a essa doutrina política, mas também à interpretação dominante do darwinismo na qual a luta pela vida – *struggle for life* – tornava-se o fator determinante da seleção em favor dos mais aptos. Em seu livro *Ajuda mútua: um fator da evolução* (1902), Kropotkin argumenta que as espécies mais adaptadas não são as mais agressivas e sim as mais solidárias. Durante muito tempo, essa tese foi deixada de lado até mesmo pelos biólogos, que consideravam que o mundo animal parecia obedecer a uma espécie de autofagia pelas fórmulas múltiplas nas quais, a fim de sobreviver, era preciso matar para se alimentar ou se defender.

Marginalizada por sua característica transdisciplinar, que combina saberes das disciplinas geofísicas e biológicas, a ciência ecológica foi elaborada por Arthur Tansley[5] em 1935. Tansley elaborou então a noção de ecossistema. Esse termo recobre o conjunto das interações e retroações em uma unidade geográfica determinável que contém diversas populações vivas (unicelulares, vegetais, animais) que, por meio da união de biótopo e de uma biocenose, constituem uma unidade complexa de caráter organizador ou sistêmico.

Os progressos da ecologia nos anos 1960-1970 permitiram que, em 1980, em *O Método 2, A vida da vida*,[6] eu indicasse que os ecossistemas comportavam não apenas predações, agressões, competições, mas também associações, simbioses, cooperações. As associações de indivíduos de uma mesma espécie constituem inumeráveis sociedades. Durante muito tempo, acreditou-se que o fenômeno social era limitado às formigas e abelhas, mas os progressos da etologia permitiram constatar a existência de sociedades que não se restringiam apenas a mamíferos (lobos, macacos), mas também a pássaros e peixes. Descobriu-se também que vegetais podem trocar informações, por exemplo, sobre as agressões de um parasita e, mais amplamente, que espécies vegetais se associam de uma dada maneira segundo os biótopos.

Assim como as relações sociais, a vida é constituída por simbioses – associações duráveis e reciprocamente proveitosas entre seres de espécies diferentes. Existem simbioses entre vegetais e algas – como os líquens, associações entre um cogumelo e uma alga, nas quais o primeiro fornece à segunda a água, os sais minerais, o dióxido de carbono (CO_2), e a segunda sintetiza substâncias orgânicas necessárias à vida do primeiro –, simbioses entre vegetais e animais; entre espongiários e algas unicelulares; entre formigas e cogumelos que elas cultivam; entre caranguejos-eremitas e actínios. Enfim, simbioses entre as imensas populações de bactérias e nossos intestinos, onde elas eliminam as substâncias que não conseguimos assimilar. Observemos que a simbiose entre unicelulares permitiu a constituição dos pluricelulares dos quais fazemos parte.

O mutualismo – relação vitalmente obrigatória entre seres de espécies diferentes – é uma simbiose que não pode ser desfeita exceto pela morte de um deles. O comensalismo faz com que um animal se beneficie da alimentação do outro sem prejudicá-lo: é por isso que hienas e chacais carniceiros se alimentam dos restos deixados por leões e tigres.

Uma das relações associativas mais admiráveis é a que liga flores e insetos voadores. As flores exalam infinitas seduções para atrair as abelhas que se alimentam de pólen, realizam sua disseminação, isto é, a reprodução do vegetal hospedeiro contribuindo para seu ciclo vital. De modo mais amplo, a relação animais-plantas é caracterizada não apenas pela biofagia animal, mas também pela simbiose generalizada que assegura o circuito oxigênio/gás carbônico de uns para outros.

É evidente que existe antagonismo entre as forças de associação e de união ativadas nos ecossistemas e as forças de conflito e destruição. Nesse antagonismo, porém, existe complementaridade. As forças de união são estimuladas, impulsionadas para constituir associações de todas as espécies, para lutar contra as devastações da predação e da destruição. Ao suscitar ajudas mútuas e complementaridades, a resistência à crueldade de tudo aquilo que é predador, biofágico, concorrencial cria múltiplas solidariedades que são uma característica essencial da vida.

Em suma, toda vida comporta a necessidade existencial do outro, que assume forma predadora/parasitária ou associativa/simbiótica.

Como acabamos de ver, é preciso integrar a visão de ajuda mútua de Kropotkin com a visão darwiniana da seleção e associar essas duas noções antinômicas e, no entanto, indissoluvelmente ligadas: a cooperação e o conflito. Mesmo sendo solidárias, as sociedades animais possuem rivalidades e conflitos, principalmente entre machos pela posse das fêmeas ou pela obtenção do alimento. Sociedades de abelhas matam os machos depois de efetivarem o voo nupcial. Qualquer sociedade – e isso vale também para as sociedades humanas portadoras de uma outra amplidão e complexidade – é o lugar de uma relação ao mesmo tempo complementar e antagônica (dialógica) entre solidariedade e conflituosidade.

4. Concórdia e discórdia: pai e mãe de todas as coisas

Com muita pertinência, seis séculos antes da nossa era, o velho Heráclito[7] afirmava uma verdade complexa: concórdia e discórdia são pai e mãe de tudo. Isso é revelado hoje pela cosmologia oriunda da astrofísica contemporânea: desde o nascimento do universo se desencadeiam as forças de união, que associam partículas nos átomos, depois átomos nas moléculas, depois – pelo menos na Terra – moléculas em auto-eco-organizações vivas que criam irresistíveis atrações que vão aglutinar miríades de poeiras materiais até uma temperatura extremamente alta que, há bilhões de anos atrás, resultou no nascimento dos astros.

Mas essas forças de união se confrontam e se afrontam com as forças de dispersão, de destruição, de morte. Tudo leva a crer que as partículas de matéria tenham aniquilado ou pelo menos expulsado as partículas de antimatéria de nosso universo; as estrelas se chocam, explodem, morrem: as galáxias se dispersam de modo irremediável. Nenhuma entidade organizada pode escapar para sempre do segundo princípio da termodinâmica que conduz à morte pela dispersão e resfriamento.

Concórdia cria organizações por meio de associações sistêmicas. Discórdia conduz à desintegração desses sistemas, e tudo isso continua e continuará ninguém sabe até quando... Já reiteramos que a vida é um nó górdio inevitável de associações, cooperações, ajudas mútuas e conflitos, predações, antagonismos e incessantes combinações entre vida e morte. Desse modo, a vida obedece à relação indissolúvel entre concórdia e discórdia, que também poderíamos denominar de relação indissolúvel entre Eros, que sempre busca unir, Pólemo que sempre busca opor, e Tânatos que sempre busca destruir.

Desde os primórdios da humanidade, através do nascimento, da vida, da morte das civilizações, de uma história plena de ruído e furor, encontra-se simultaneamente a relação complementar, antagônica entre o que leva à união

– Eros –, o que leva ao conflito – Pólemo –, e o que leva à desunião e à morte – Tânatos. E esse processo continua atualmente de milhões de maneiras, em milhões de lugares com milhões de aleatoriedades.

Já podemos identificar nas ajudas mútuas e nas associações vivas os ancestrais de nossas próprias modalidades de ajudas mútuas e associações que irão culminar no amor e na fraternidade. Mais que isso; entre os mamíferos existe uma fraternidade infantil ou juvenil – gatos e cães brincam, se mordiscam, brigam sem se ferir, se lambem e se agarram uns aos outros. Encontramos o jogo fraterno entre as crianças, sejam elas irmãs de sangue ou fraternizadas pela amizade. A fraternidade humana é a conservação e o desenvolvimento desde a adolescência da fraternização juvenil; e esta, mesmo que passe pelos retrocessos das compartimentações e dos antagonismos, pode (ou deveria poder) conservar-se e amadurecer na idade adulta.

5. Fontes antropológicas da fraternidade

Antes de mais nada, é preciso refletir sobre as fontes dessas três noções: paternidade, maternidade, fraternidade. À primeira vista – e isso parece evidente em todas as civilizações patriarcais ou marcadas pela imago do Pai, do Deus-Pai, do Chefe-Pai – a figura do Pai é o tema mais importante da trindade Pai/Mãe/Irmãos ou Irmãs. Qualquer que seja essa denominação, o pai é um acontecimento tardio na história humana. É o irmão da mãe que, nas sociedades clânicas, desempenha o papel protetor de pai. O pai surge ao mesmo tempo que a família, torna-se cogenitor e se transforma em chefe.

O tema da mãe não é apenas o mais antigo na história humana, mas é primordial entre os mamíferos, nos quais a mãe concebe, alimenta e protege sua progenitura até o momento em que ela se torna adulta e adquire sua independência. Gatos e leões recém-nascidos de uma mesma ninhada fraternizam por meio de jogos que envolvem pequenas lambidas e mordidas, que depois se extinguirão. Por mais importante que seja a fraternidade no mundo mamífero, a mãe não é universal na vida animal: os peixes-fêmeas põem os ovos que os machos fecundarão posteriormente, sem nenhuma relação de copulação. Entre os insetos, os ovos são simplesmente deixados em lugares apropriados ou, como acontece com os insetos sociais, cuidados pelas operárias.

Mais original ainda seria um termo indefinível que, em si mesmo, comportaria sororidade, fraternidade, maternidade, paternidade: o da reprodução por divisão celular, próprio não apenas dos unicelulares como as bactérias, mas também dos pluricelulares, como é o nosso caso. Ao se dividir em duas bactérias idênticas, a bactéria produz sua irmã/irmão, sendo integralmente mãe/pai de seu duplo. Ademais, sabemos que as bactérias se comunicam entre si, ajudam-se mutuamente, cooperam. Assim, uma fraternidade ou sororidade originais estariam no cerne de toda forma de vida.

6. Fraternidade humana

Ajuda mútua, cooperação, associação, união são componentes inerentes à fraternidade humana. Tal fraternidade os engloba, os envolve em um calor afetivo. Se a fraternidade familiar comporta o profundo sentimento de uma maternidade comum, nas fraternizações extrafamiliares, conscientemente ou não, estamos diante de uma maternidade ideal, idealizada ou mítica. A noção de pátria, por exemplo, que comporta o paternal masculino, também contém uma substância envolvente cujo caráter é quase materno. Quanto à ideia global da necessária fraternidade de todos os seres humanos, ela implica não apenas a ideia-mãe de humanidade, mas também a ideia de Terra-Pátria que também inclui a substância maternal.

Desde sua existência familiar, a fraternidade humana contém em si mesma potencialidades rivalizadoras. Pólemo está latente em toda fraternidade. Pólemo pode se manifestar por meio da rivalidade, e esta pode utilizar Tânatos, como demonstra o assassinato mítico de Abel por Caim.

Uma vez mais, vemos que Pólemo e Tânatos podem adentrar no Eros de uma comunidade e destruí-la. A fraternidade deve então regenerar-se sempre, pois ela é constantemente ameaçada pela rivalidade.

7. Minhas fraternidades

Minhas experiências de fraternidade são os momentos mais belos da minha vida. Fui filho único, órfão de mãe aos dez anos, adolescente sem mãe, irmão ou irmã. Guardei grande ressentimento contra meu pai que dissimulou a morte de minha mãe, algo que eu havia compreendido desde o começo, e que gerou desentendimento recíproco entre mim e minha família. Meus verdadeiros amigos foram os livros e filmes, mesmo que me deixassem solitário. Tinha dois bons companheiros, mas não lhes revelava meu desgosto de ser órfão e nem meus estados de alma. Mesmo a camaradagem com um amigo militante de um pequeno partido de esquerda não podia ser considerada como fraternidade. Eu a descobri por ocasião do desastre de junho de 1940. Depois da derrota da França, refugiei-me em Toulouse, assim como muitos estudantes que vinham do norte, da Alsácia, de Paris, da Bretanha, de todos os locais invadidos da França. Professor universitário, Daniel Faucher havia criado um centro de acolhimento para estudantes refugiados a fim de alimentá-los e oferecer-lhes abrigo. Acabei me tornando secretário geral desse centro. Tive primeiramente uma imensa felicidade em acolher esses infortunados estudantes e tantos outros estrangeiros antifascistas. Extrema felicidade de me ligar ao libanês Fuad Kazan; ao iraniano Khorsand; ao espanhol Mario Llorca, e também às francesas Hélène e Annick por quem sentia muita ternura, e tantas outras! Por fim, eu me sentia útil e gratificado por ter conhecido esses irmãos e irmãs.

A fraternidade da Resistência veio depois. Vários círculos de fraternidade então se estabeleceram. O primeiro, na casa dos estudantes de Lyon, com meus amigos-irmãos comunistas Jacques Francis Roland e Victor Henri, que faziam parte das FUJP – Forças Unidas da Juventude Patriótica; o segundo mediante o contato com os resistentes que lutavam pela liberação, francoatiradores, combatentes. Em Lyon, Toulouse, Paris, integrei o movimento de resistência dos prisioneiros de guerra e deportados: com admiração, fraternizei com homens e mulheres como Pierre Le Moign', o bretão como era chamado; Michel Cailliau (sobrinho de De Gaulle); Philippe Dechartre, o alemão antinazista Jean Krazatz, meu adjunto; com o comunista austríaco Felix Kreisler, quase todos ignorados nos dias atuais. Claro que existiram conflitos e divergências na Resistência, mas a fraternidade que nos unia sempre prevalecia. Ainda persistiu até o fim da Guerra, dissolveu-se nas décadas seguintes, mas depois ressuscitou, pelo menos para os últimos sobreviventes que somos nós.

A liberação de Paris, com a chegada dos primeiros tanques Leclerc[8] da 9ª Companhia composta de espanhóis antifranquistas, depois com o grande desfile da Place de l'Étoile à Concorde, foram momentos inesquecíveis de fraternidade, que constituem os êxtases da história, momentos sublimes aos quais devemos nos ligar cada vez mais, pois sua duração é curta e se dissolve rapidamente. Vivenciei alguns deles em 1974 durante a Revolução dos Cravos em Lisboa, na primeira semana de maio de 1968 e, indiretamente, em 1989, na queda do Muro de Berlim.

Quero ressaltar que depois da experiência de fraternidade da Resistência e a fraterna exaltação da liberação de Paris, com 23 anos caí na prosa da vida, na qual dominam os egoísmos, as mesquinharias, a ambição. Quis fazer uma exposição sobre os crimes hitleristas, mas o Ministério da Informação[9] enviou funcionários que não integraram a Resistência, cuja mediocridade progressivamente me asfixiou. Em fevereiro de 1945, deixei inacabada a ideia da exposição, e fui para o Estado-Maior do 1º Exército, que então entrava na Alemanha. Por alguns meses, reencontrei o sentimento da fraternidade com Romuald e Jacqueline de Jomaron; com Georges Lesèvre; com o comandante Chazeaux conhecido como Durandal, todos eles oriundos da Resistência do Franco-Condado.

Após meu retorno da Alemanha, vivenciei uma intensa e duradoura fraternidade na comunidade de vida formada com Robert Antelme, Dionys Mascolo, Marguerite Duras, fraternidade de amizade-amor sempre aberta, a mais bela de toda a minha vida. Depois experimentei a fraternidade na aventura da revista *Arguments*, principalmente com François Fejtö e Jean Duvignaud, que permaneceram irmãos para sempre, mesmo depois do fim de sua publicação. Vivi uma fraternidade maravilhosa em San Francisco com minha "irmã" Hélène Henri e sua tribo comunitária e, depois, em San Diego com Johanne, Alanis, John e Chantal Hunt. Todos nós exaltávamos a cultura do *love and peace*.

Depois passei temporadas em oásis de fraternidade na Itália, no palácio de Simone di San Clemente; em Caldine na casa dos Bueno, onde a fraternidade incluía cachorro, gatos, ganso e papagaio; em Orbetello na casa de meus amigos Durazzo. Durante minhas férias em Argentario, estive com Jean e Michèle Daniel, André e Évelyne Burguière, Jean e Doune Cérésa.

Quero ressaltar também que só pude começar e continuar a aventura de *O Método* nesses oásis fraternais em Bolgheri, ao pé da montanha Sainte-Victoire em casa de meus amigos Nughe; em Carniol na casa de Claude e Myriam Grégory; em Ménerbes com condições de amor que contêm a feminilidade da alma-irmã.

Mesmo sendo filho único, encontrei irmãos na aventura do pensamento complexo: Jean-Louis Le Moigne, Pascal Ruggero na França, Mauro Ceruti, Gianluca Bocchi, Sergio Manghi, Oscar Nicolaus na Itália, e um irmão na aventura da vida, Jean-Louis Pouytès. Da mesma forma que jamais pude viver sem amor, jamais pude viver sem fraternidade; e não poderia continuar a viver sem amor e fraternidade. Enquanto escrevo essas linhas, Sabah está a meu lado e espero a visita de András Bíró, meu amigo-

-irmão desde a revolução húngara.

Existem grandes fraternidades duradouras, como as que acabei de citar, mas também existem momentos provisórios de fraternidade vivenciados na alegria de uma festa de amigos, de um encontro durante uma viagem, de uma vitória futebolística, de uma manifestação de rua, ou ainda como os de uma esquina em que os coletes amarelos faziam seus protestos. Muitos deles não se conheciam, tinham vidas muito diferentes, mas em algumas noites exercitaram a fraternidade. Produtos do encontro, do acaso, da comunhão, da adesão entusiasta, e de não sei mais o quê, essas fraternidades provisórias são momentos em que dois seres humanos se consideram mais do que simples camaradas – são momentos solares que reaquecem o caminho de nossas vidas em um mundo prosaico.

8. Individualismo e solidariedade

Vivemos numa sociedade que desencadeou o desenvolvimento do individualismo. O individualismo comporta aspectos positivos: a autonomia pessoal, que dá acesso à responsabilidade e à criatividade, que viabilizou a emancipação dos jovens do extremo poder paterno, possibilitando escolher seus cônjuges, sua profissão, encontrar "irmãos" fora da família. O individualismo também contém aspectos ambivalentes como a concorrência e a competição que são estímulos psicológicos e econômicos, mas que, para além de um certo limite, convertem-se em obsessão pelo lucro, fontes de agressividade e conflitos. Ao se intensificar, a competição pode se transformar em competitividade que oprime duramente aqueles que trabalham no mundo empresarial. O individualismo também contém aspectos negativos: o egoísmo e a degradação das solidariedades.

Apesar disso, e com muita frequência, constata-se que uma fraternidade adormecida renasce de maneira espontânea, como ocorre por ocasião de incêndios, terremotos, vítimas de atentados e catástrofes. Adormecida, a fraternidade é capaz de despertar de novo.

Sem querer de modo algum idealizar o passado, e muito menos o presente, é preciso constatar o fim das solidariedades da família extensa que envolvia muitos irmãos e irmãs e também tios, tias, primos, sobrinhos, entre os quais reinava a fraternidade; a degradação das solidariedades urbanas de vizinhança e rurais dos vilarejos; a degradação das solidariedades no trabalho.

Há cerca de quarenta anos, fiquei surpreso quando vi um documentário rodado em Bogotá, no qual aparecia um homem estendido na calçada, e que havia sido filmado por um cineasta atrás de uma vitrine. Os transeuntes continuavam seu caminho fingindo que não viam nada. Na ocasião eu imaginei que esse fato jamais ocorreria numa cidade como Paris. Mas agora constato que isso também ocorre por aqui.

Hospitalizada numa clínica parisiense, minha companheira adorava conversar com uma funcionária da limpeza de origem marroquina. A funcionária estava espantada com a atitude das enfermeiras francesas quando viam um velho cair em um corredor ou na rua vizinha. A marroquina buscava prestar socorro nessas situações, mas as enfermeiras sempre lhe diziam: "Não faça isso, você vai arranjar aborrecimentos. Se a pessoa fraturar um osso, você será questionada e levada à delegacia de polícia".

O confinamento das pessoas em seus nichos de trabalho especializado faz com que não disponham de oportunidades para aceder aos problemas fundamentais e globais da vida em sociedade. Tudo isso contribui para a perda do sentido da solidariedade. Acrescentemos que o modo dominante de conhecimento é o cálculo, que traduz todas as realidades humanas em números. Por isso, os indivíduos-sujeitos são percebidos como objetos.

Costuma-se afirmar que estamos numa sociedade de comunicação, e isso é uma verdade. Fax, iPhone, internet estão ao nosso dispor. Tudo isso serve para comunicar... mas nos compreendemos cada vez menos. Existem mais ressentimentos, incompreensões entre os povos, entre as culturas e mesmo no seio de uma mesma família.

Tudo deveria então tender a isolar cada "eu", mas por toda parte nasce e renasce a necessidade do "nós" e do "tu".

9. Paradoxos da mundialização

A globalização do mundo começou em 1989, com a generalização do liberalismo econômico e do capitalismo em todos os continentes. Esse processo coincidiu com a constituição de um sistema de comunicação planetária imediata por meio de fax, telefone, smartphone, internet. Essa globalização, porém, longe de criar uma compreensão entre os povos e uma fraternidade humana em escala planetária, provocou em contrapartida uma tendência ao ensimesmamento e ao fechamento em um conjunto de "nós" étnicos, nacionais, religiosos.

De fato, existe um grande paradoxo. A mundialização criou uma comunidade de destino para toda a humanidade desenvolvendo perigos globais comuns: a degradação da biosfera; a incerteza econômica e o crescimento das desigualdades; a multiplicação das armas nucleares de destruição em massa e também armas químicas e informáticas capazes de paralisar uma nação inteira. Tudo isso demanda de maneira urgente a consciência de nossa comunidade humana de destino, que comporta uma identidade antropológica, pois todos os seres humanos se assemelham do ponto de vista genético, anatômico, fisiológico, cerebral, afetivo, cultural. Todos dispõem de uma linguagem com a mesma estrutura, de cultura, de música, de artes, mesmo que sejam totalmente diferentes uns dos outros. Todos são mortais e, como afirmava Albert Cohen, tal mortalidade comum deveria inspirar uma fraternidade mútua de compaixão.

Não resta dúvida que a unidade humana se expressa na diversidade das pessoas e das culturas e que essa diversidade contém a unidade humana. Falemos de outro modo: a unidade humana é o tesouro da diversidade humana, a diversidade humana é o tesouro da unidade humana. Isso significa que compreender o outro requer o reconhecimento de nossa humanidade comum e o respeito das diferenças. Essas são as bases a partir das quais a fraternidade poderia se desenvolver entre todos os humanos face ao nosso destino comum em uma aventura comum. Paradoxalmente, no momento atual, precisamos cada vez mais de fraternidade humana que, por toda parte, volta a se fechar nas culturas particulares. Estamos então diante de grandes e múltiplos problemas de fraternidades: as fraternidades em nossa cultura, em nosso povo, que deveriam permanecer abertas, fraternidades mais amplas como as continentais e, sobretudo, a fraternidade planetária. Como cultivar todas elas?

10. Oásis de fraternidade

Afirmei que por toda parte renasce incessantemente a necessidade do "nós" e do "tu": nos grupos de adolescentes, em nossas amizades, em nossos amores lícitos e clandestinos, em nossas comensalidades, nos encontros em que bebemos juntos, nas festas, nas torcidas esportivas e, de modo imaginário e psíquico, em nossas projeções-identificações dirigidas aos heróis de filmes, romances, espetáculos teatrais.

São resistências espontâneas à grande máquina calculadora, algorítmica, que reduz a vida humana à sua dimensão tecnoeconômica, que reduz o ser humano a um objeto de cálculo; resistências à grande máquina que ignora a afetividade – a felicidade e a infelicidade – e que é estimulada pela busca obsessiva e demente das maximizações. A obsessão pelo lucro não é de modo algum uma expressão da razão do *Homo sapiens*, mas sim uma expressão da tendência ao delírio do *Homo demens*.

De resto, em todos os países, o nosso inclusive, uma expansão de iniciativas privadas, pessoais, comunitárias, associativas faz germinar por toda parte esboços de uma civilização voltada ao florescimento pessoal na inserção comunitária, que se assemelham a oásis no deserto e na floresta.

Tais iniciativas abrem brechas nas imensas máquinas tecnoeconômicas que corrompem nossas civilizações, colonizam os poderes políticos, submetem a sociedade a imperativos de um pensamento fundado no cálculo e nas rentabilidades máximas.

Em primeiro lugar, essas iniciativas multiplicam as autonomias individuais ou comunitárias para escapar dos tentáculos dos poderes tecnoeconômicos, como é o caso da utilização das energias limpas; do consumo de alimentos que fogem da padronização e da manipulação industriais; do abandono da compra de produtos cujas qualidades são mitificadas pela publicidade; de objetos utilitários com obsolescência programada (carros, geladeiras, computadores); da renúncia do descartável em proveito do sustentável, o que poderia favorecer a criação de uma manufatura de reparação.

Os *makers* ampliam ainda mais a resistência: desenvolvem a cultura do *do it yourself*, do "faça você mesmo", não apenas no artesanato, da carpintaria, nas artes tradicionais, mas também na eletrônica, na robótica, na impressão em 3D e na utilização de máquinas-ferramentas com comando digital. Tais autonomias se inscrevem em um processo solidário no qual são criados *hackerspaces* e *makerspaces*, espaços associativos e *fab lab* (*fabrication laboratory* – laboratórios de fabricação), que se ampliam cada vez mais no mundo. Todos esses espaços fazem parte de redes mundiais nas quais a troca é permanente. Na Alemanha e nos Estados Unidos já foram identificados mais de cem. Na França, principalmente o Artilect em Toulouse, o AV.LAB em Estrasburgo, as Fabriques du Ponant em Brest, a Electrolab em Nantes e a FacLab em Gennevilliers. O compartilhamento do saber e das ferramentas é indissociável do movimento dos *makers*. Ao se desenvolver, esse movimento contribuirá para, progressivamente, repelir o capitalismo vertical e a fabricação de mercadorias com obsolescência programada.

Também participam da constituição do oásis o desenvolvimento de uma alimentação com base local, sazonal, artesanal ou orgânica, com a consequente desintoxicação dos produtos agroindustriais e da eliminação do consumo de alimentos importados do hemisfério sul no inverno. Também é significativa a substituição progressiva das conservas industriais pelas domésticas (fermentação, salga, utilização de gordura para envolver alimentos). Tudo isso favorece uma agricultura regeneradora dos solos que, por sua vez, favorece os modos saudáveis de alimentação e os modos desintoxicados de consumo.

É necessário acrescentar a tudo isso, as práticas cooperativas de carona solidária e das compras compartilhadas.

As redes de ajuda mútua contribuem para a formação e o desenvolvimento de oásis de fraternidade. Tais oásis podem ser restritos a uma casa, a uma família, ou a conjuntos mais amplos nos quais a agroecologia se combina com uma escola e uma instituição cultural. Esses conjuntos podem possuir o tamanho de um bairro caracterizado por uma vida autônoma e cooperativa como o bairro Christiania em Copenhagen, ou de uma cidade como o Conjunto Palmeiras, perto de Fortaleza, no Brasil. Esse Conjunto originou-se de uma favela muito pobre, e hoje é uma cidade com vinte mil habitantes, que tem uma moeda local e um banco de microcrédito. Esses oásis são e serão ligados a uma economia solidária, espaços de despoluição e de desintoxicação das vidas, espaços melhores para se viver, espaços de solidariedade e fraternidade.

Podem esses oásis antecipar o futuro da humanidade? Ainda não, pois eles permanecem demasiadamente dispersos e estão desprovidos de um pensamento capaz de enfrentar os desafios globais colocados pelo processo aparentemente irremediável da mundialização. Mas são germes, esboços de uma civilização que valoriza o florescimento pessoal na fraternidade, do "eu" no "nós".

11. Mudar de via?

A pergunta "Pode-se mudar de via?" está na ordem do dia, ainda mais agora, uma vez que a rota atual conduz a desastres ecológicos, políticos, sociais, humanos e, simultaneamente, a uma segregação entre uma nova espécie pós-biológica de poderosos meta-humanos ou super-humanos, um super *Sapiens demens* e a espécie dos *Sapiens demens* que somos nós.

Na realidade, são os três motores acoplados – ciência, técnica, economia – que conduzem às catástrofes ecológicas, aos perigos mortais das armas nucleares e outras, às desumanizações de todos os tipos e, ao mesmo tempo, ao transumanismo que prolongará a vida com saúde, e que por meio da inteligência artificial liberará os humanos de qualquer tipo de servidão e ampliará as capacidades intelectuais da simbiose homem-máquina. Mas esse transumanismo do homem, exacerbado em sua potência e poderes, irá na contramão de uma melhoria da mente e da ética capaz de solidariedade e fraternidade. O filme de ficção científica *Elysium*[10] já previa a vida de uma elite transumana em suas reservas protegidas e dotadas de todas as formas de técnicas, enquanto a maioria dos humanos vivia imersa em desordens, conflitos, penúrias.

Para mudar de via, seria necessário previamente mudar nossa maneira de conhecer e pensar – redutora, disjuntiva, compartimentada – para um modo de pensamento complexo que religa, capaz de apreender os fenômenos em sua diversidade e, ao mesmo tempo, em sua unidade e também em sua contextualidade.[11] Seria necessário deixar de opor crescimento a decrescimento, mas apontar o que deveria crescer (economia social e solidária; agroecologia e agricultura rural; economia do indispensável para todos; produção de objetos de obsolescência não programada e não descartáveis; manufatura de reparação; comércios de proximidade, etc.) e o que seria preciso decrescer (economia inútil; falsas verdades de rejuvenescimento e embelezamento; alimentação industrializada; produção de energias poluentes; vendas de armas a potências belicosas, etc.).

Seria necessário combinar o melhor do desenvolvimento tecnoeconômico ao engajamento das populações em solidariedades tradicionais e proteções sociais. Seria necessário confrontar a mundialização – que desertifica humana e economicamente tantos territórios – com o incentivo do poder local, que salvaguarda a vida das regiões. Em suma, quanto mais se acelera a tendência à mundialização, mais deveria haver o contraponto das iniciativas locais, e esse "local" diz respeito evidentemente aos oásis de vida, que também deveriam ser mundialmente religados.

12. Fraternizar na incerteza

Qual será o futuro? Ele é incerto. Os mesmos motores acoplados que doravante impulsionam a nave espacial Terra – ciência, técnica, economia – caminham rumo ao sentido catastrófico de desastres em cadeia, e apontam para o colapso de civilizações. Acrescente-se a isso o sentido pretensamente eufórico de um transumanismo que cria e aumenta as competências humanas. O problema fundamental da humanidade nesse estado crítico e transformador de sua aventura consiste na melhoria dos humanos a partir de suas capacidades de compreensão, amor, fraternidade. Deve-se, portanto, fazer de tudo para:

1. Salvaguardar e desenvolver as fraternidades dos oásis.

O desencadeamento das forças negativas em nossa época de regressões éticas e políticas generalizadas torna cada vez mais necessária a constituição de tais oásis. Devemos criar sistemas alternativos de vida, multiplicá-los. Caso isso não ocorra, as coisas vão continuar a regredir e os oásis permanecerão como reservas de resistência da fraternidade; poderão ocorrer também circunstâncias positivas que se tornarão os pontos de partida de uma fraternidade mais generalizada em uma civilização reformulada.

Lembremos, porém, que nunca saberemos eliminar as forças da desintegração e dos conflitos. Alguns dos oásis nos quais vivi evidenciaram isso. Neles, as diferenças deixaram de ser complementares e se transformaram em divergências, nas quais posições converteram-se em oposições. A partida ou a morte de uma pessoa no cerne da fraternidade desfaz o laço social. Pior que isso, as derivas psicológicas podem se tornar centrífugas e dissolventes. As comunidades solares nas quais vivi se desintegraram e se transformaram em buracos negros.

Quase todas as comunidades que se formaram na Califórnia nos anos 1960 se enfraqueceram e desapareceram, com exceção daquelas alicerçadas por uma fé religiosa. Inicialmente, mal-entendidos, contestações, discussões, críticas estimularam a comunidade para depois degenerarem em conflitos. Como tudo o que não se regenera se degenera, a fraternidade que não se regenera degenera-se para sempre. Por isso mesmo, o partido da fraternidade é o partido em regeneração permanente de Eros contra Tânatos.

Precisamos criar e multiplicar pequenas ilhas alternativas de vida, como se estivéssemos em embarcações, uma espécie de microarcas de Noé, navegando nas incertezas do tempo. Se a regressão avança, essas pequenas ilhas serão espaços de resistência fraterna. E se aparecerem os clarões de uma aurora, eles serão os pontos de partida de uma fraternidade mais generalizada numa civilização reformulada.

2. Alimentar e desenvolver uma consciência de humanidade a partir de um humanismo regenerado.

O humanismo regenerado não se limita ao reconhecimento da igualdade de direitos e da qualidade plena de humanidade de toda pessoa. Ele também implica a consciência da inseparabilidade da unidade e da diversidade humanas; a consciência da responsabilidade humana para com a natureza viva; a consciência da comunidade de destino de todos os humanos que, cada vez mais, é abalada pelo processo descontrolado da mundialização. Tal humanismo comporta, enfim, a consciência de que cada um de nós é apenas um momento da fantástica e incrível aventura humana, que, por sua vez, é também um ramo hiperdesenvolvido da fantástica e incrível aventura do cosmo...

O dever humanista é inequívoco e se confunde com o dever de fraternidade; devemos tomar o partido de Eros, que alimenta o amor e a fraternidade e propicia a intensa poesia de comunhão com o melhor que existe na humanidade. É isso que faz com que participemos da grande aventura. Que fique claro: é preciso evitar a ilusão na qual tantos humanos sucumbiram, que foi acreditar que agiam para Eros, quando de fato trabalhavam para Tânatos disfarçado de Eros. Isso ocorreu quando a tirania totalitária disfarçou-se em socialismo emancipador. É preciso também evitar a ilusão euforizante de que toda fraternidade adquirida é definitiva.

Repito: Pólemo e Tânatos trabalham no interior de Eros que, por sua vez, trabalha no interior de ambos. Repito mais uma vez: tudo o que não se regenera degenera. Ocorre o mesmo com a fraternidade.

É exatamente isso que a torna cada vez mais preciosa: a fraternidade é frágil como a consciência e frágil como o amor, e no entanto sua força é extraordinária.

Ela nos permite resistir à crueldade do mundo, e deve tornar-se um fim sem deixar de ser um meio. O fim nunca pode ser dado, ele deve transformar-se em caminho, nosso caminho, o da aventura humana.

A plena consciência de que somos parte e partícipes da aventura antropocósmica exige que nos inscrevamos nas aventuras locais dos oásis – retaguardas de humanidade diante das barbáries triunfantes; vanguardas de humanidade que viabilizem entrever a possibilidade de um futuro melhor.

Notas

1. O Pai gera o Espírito Santo, que gera o Filho, que regenera o Pai.

2. *Moi-je* no original. Utilizou-se a distinção entre *moi*, quando o sujeito se reporta a si mesmo de maneira reflexiva, narcísica, especular, e *je*, o eu, como condição de possibilidade de uma ação, de um conhecimento, de um discurso. [N. do T.]

3. A lei nº 2012-1560, de 31 de novembro de 2012, legisla sobre o que comumente se denomina "delito de solidariedade". O artigo L.622-1 do Código que fixa as normas de entrada e permanência dos estrangeiros, assim como do direito de asilo entrou em vigor em 1º de março de 2005. Estabelece que "qualquer pessoa que, por qualquer razão, direta ou indireta, houver facilitado a entrada, a circulação ou a permanência irregulares de um estrangeiro na França será punida com prisão de cinco anos e multa de 30 mil euros". Em 2018, o Conselho Constitucional reviu essa lei e mo-

dificou o artigo L.622-4 para isentar dessa penalidade o cônjuge e os membros próximos da família da pessoa que se encontra em situação irregular por haver ajudado a circulação ou a permanência irregular de um estrangeiro, mas também se estendeu aos voluntários e associações que ajudam tal circulação.

4. Edição brasileira. Tradução e apresentação de Pedro Paulo Pimenta; ilustrações de Alex Cerveny. A edição contém textos complementares de Alfred Russel Wallace, Thomas Huxley, Richard Owen, Asa Gray. São Paulo: UBU, 2018. [N. do T.]

5. Arthur George Tansley (1871-1955). Botânico dinamarquês, fundador da primeira sociedade profissional de ecologistas. Para Tansley, os ecossistemas eram considerados as unidades básicas da natureza. [N. do T.]

6. Edgar Morin. *La Méthode, t. 2: La Vie de la vie*. Paris: Seuil, 1980, p. 17 e ss. [*O Método: A vida da vida – vol. 2*. Tradução de Marina Lobo. Porto Alegre: Sulina, 2001.]

7. Heráclito de Éfeso (540-470 a.C.). Filósofo do Lógos, considerado pai da dialética. Para Heráclito tudo flui, o mundo está em movimento perpétuo. De seus escritos restam apenas fragmentos. Consultar Emmanuel Carneiro Leão e Sérgio Whrublewski. *Os pensadores originários: Anaximandro, Parmênides, Heráclito*. Petrópolis, RJ: Vozes, 1993. [N. do T.]

8. Tanque de guerra construído por um consórcio entre as empresas francesas Nexter e Giat. O nome é uma homenagem ao general Philippe Leclerc de Hauteclocque, comandante da 2ª Divisão Blindada francesa na Segunda Guerra Mundial. [N. do T.]

9. Surgiu em 1938, com o nome de Ministério da Propaganda.

Sob o governo de Vichy o nome foi mudado para Ministério da Informação para controlar as mídias da época e assim permaneceu no governo de Charles de Gaulle. Nos governos posteriores sofreu várias modificações estruturais, sendo definitivamente eliminado do aparato do Estado em 1974, durante o governo de Valéry Giscard d'Estaing. [N. do T.]

10. Filme de ficção científica de 2013, escrito, produzido e dirigido por Neill Blomkamp.
[Com Jodie Foster, Matt Demon, Sharlto Copley e Alice Braga. O filme se passa em 2154, num mundo distópico em que a divisão entre pobres e ricos tornou-se extremada. Pobres continuam a viver numa Terra devastada; ricos transumanos migram para a estação especial que dá nome ao filme, resguardados por um aparato técnico sem precedentes. N. do T.]

11. Consultar *Introduction à la pensée complexe*. Paris: Seuil, 2005; *La Voie: Pour l'avenir de l'humanité*. Paris: Fayard, 2011.
[Edições brasileiras: *Introdução ao pensamento complexo*. Tradução de Eliane Lisboa. Porto Alegre: Sulina, 2015; *A Via: para o futuro da humanidade*. Tradução de Edgard de Assis Carvalho e Mariza Perassi Bosco. Rio de Janeiro: Bertrand Brasil, 2013. N. do T.]

Bibliografia

Charles Darwin. *L'origine des espèces*. Paris: Seuil, 2013. [*A origem das espécies*. São Paulo: UBU, 2018.]

Isabelle Delannoy. *L'économie symbiotique*. Paris: Actes Sud, 2017.

Piotr Kropotkin. *L'entraide, un facteur d'évolution*. Paris: Aden, 2015. [*Ajuda mútua: um fator de evolução*. São Sebastião, SP: A Senhora, 2009].

Edgar Morin. *Le paradigme perdu: la nature humaine*. Paris: Points, 2015. [*O paradigma perdido: a natureza humana*. Sintra, Portugal: Europa-América, 1991.]

_____. *La Voie: Pour l'avenir de l'humanité*. Paris: Fayard, 2016. [*A Via: para o futuro da humanidade*. Rio de Janeiro: Bertrand Brasil, 2011.]

_____. *Terre Patrie*. Paris: Points, 2010. [*Terra-Pátria*. Porto Alegre: Sulina, 1995.]

_____. *Mes démons*. Paris: Stock, 2008. [*Meus demônios*. Rio de Janeiro: Bertrand Brasil, 1997.]

_____. *Mon chemin*. Paris: Fayard, 2008. [*Meu caminho*. Rio de Janeiro: Bertrand Brasil, 2012.]

_____. *Pour une politique de civilisation*. Paris: Arléa, 2008. [*Uma política de civilização*. Portugal: Instituto Piaget, 1997.]

_____. *La Méthode – 1. La Nature de la nature*. Paris: Seuil, 1977. [*O Método: A natureza da natureza* – vol. 1. Porto Alegre: Sulina, 2002.]

_____. *La Méthode – 2. La Vie de la vie*. Paris: Seuil, 1980. [*O Método: A vida da vida* – vol. 2. Porto Alegre: Sulina, 2001.]

_____. *La Méthode – 3. La Connaissance de la connaissance*. Paris: Seuil, 1986. [*O Método: O conhecimento do conhecimento* – vol. 3. Porto Alegre: Sulina, 1999.]

_____. *La Méthode – 4. Les Idées: leur habitat, leur vie, leurs mœurs, leurs organisation*. Paris: Seuil, 1991. [*O Método: As ideias – habitat, vida, costumes, organização* – vol. 4. Porto Alegre: Sulina, 1998.]

_____. *La Méthode – 5. L'Humanité de l'humanité*. Paris: Seuil, 2001. [*O Método: A humanidade da humanidade* – vol. 5. Porto Alegre: Sulina, 2002.]

_____. *La Méthode – 6. Éthique*. Paris: Seuil, 2004. [*O Método: Ética* – vol. 6. Porto Alegre: Sulina, 2005.]

_____. *L'Aventure de La Méthode*, Seuil, 2015.

Marc-André Selosse. *Jamais seul*. Paris: Actes Sud, 2017.

Patrick Viveret. *Fraternité, j'écris ton nom*. Paris: LLL – Les Liens qui Libèrent, 2015.

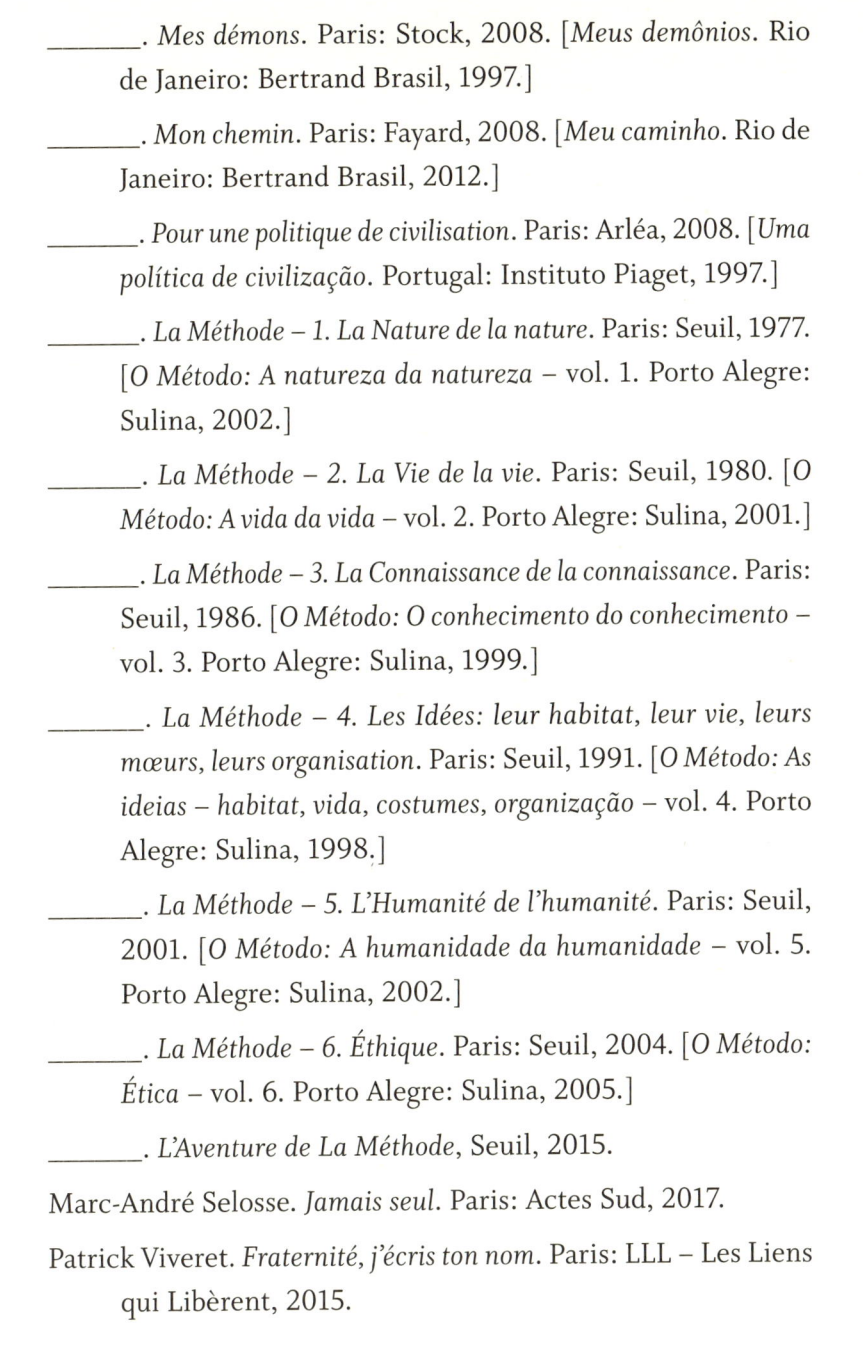

Obras da Palas Athena Editora relacionadas à temática deste livro

Reinventar a Educação
Edgar Morin e Carlos Jesús Delgado Díaz

O mundo em crise é um cenário de transformações onde estão presentes riscos e oportunidades de mudança. Diálogos constantes entre educação e política, academia e políticos, é uma das ações inadiáveis. Em algum momento de sua trajetória, os fins da educação se alteraram, e o fim supremo que é aprender a viver ficou em segundo plano. Há de ser retomado pela educação, tornando-se ponto de partida, farol e horizonte, reunindo as reformas do pensamento, do ensino, da política e da vida.

Diálogo sobre a Natureza Humana
Edgar Morin e Boris Cyrulnik

Religando-nos à natureza e à cultura, debruçando-se sobre as origens de nossa espécie, dois visionários constatam a impossibilidade de dissociar cérebro e espírito, e apontam para a interdependência – desde sua origem – entre o cultural/psicológico e o cerebral/biológico.

Ética, Solidariedade e Complexidade
Edgar Morin, Nelson Fiedler-Ferrara, Nelly Novaes Coelho, Edgard de Assis Carvalho, Maria da Conceição de Almeida

Para alcançar o pensamento complexo religam-se saberes, o fio condutor entre as áreas que fundamentam a diversidade do saber humano é restabelecido, buscando o conhecimento solidário com base em uma nova ética de alteridade. É o que emerge de forma elegante e inventiva destas páginas, originadas de um grande encontro parceiro da Palas Athena e a PUC de São Paulo.

As Paixões do Ego: Complexidade, Política e Solidariedade
Humberto Mariotti

Questões essenciais da atualidade – complexidade, pensamento sistêmico, ciência contemporânea, biologia cultural, psicologia das habilidades interpessoais – bem como suas aplicações práticas em áreas como a ética, a política, a administração, o desenvolvimento sustentado, se alinham a pensadores destacados: Edgar Morin, Gregory Bateson, Humberto Maturana, Francisco Varela e outros de uma valiosa bibliografia.

O Princípio da Não Violência
Jean-Marie Muller

Do mesmo autor de *Não Violência na Educação*, esta síntese filosófica traz pensadores que ao longo da história defenderam a não violência, descrevendo com lucidez as críticas contra e os argumentos a seu favor. De Platão a Simone Weil, de Confúcio a Maquiavel, aprofundando-se em Éric Weil e nas ações de Mohandas Gandhi, somos convidados a nos tornar cidadãos ativos na superação das mais variadas formas da violência.

Pedagogia da Convivência
Xesús R. Jares

Respeito, direitos humanos, ternura, diálogo, solidariedade, esperança são alguns dos marcos e conteúdos que viabilizam o convívio promissor, orientador das energias vitais e cognitivas de alunos, professores, comunidades, grupos e famílias – sendo que estas devem ser o primeiro laboratório de resolução não violenta de conflitos – para o qual é necessário qualificar a capacidade de escuta e percepção dos valores envolvidos em nossa comunicação. Do mesmo autor de *Educar para a Paz em Tempos Difíceis*.

Compaixão ou Competição: valores humanos nos negócios e na economia
Dalai Lama

O Dalai Lama traz sua abordagem experiente de extraordinário pensador contemplativo e ao mesmo tempo de homem de ação, que desperta ideias criativas a respeito do papel da empresa e da economia na atualidade. Tratando temas críticos como cooperação ou conflito, sustentabilidade ou lucro imediato, compaixão ou competição, desafia a buscar um significado diferente – uma maneira mais eficaz de atender os interesses dos outros e também os nossos.

A Revolução do Altruísmo
Matthieu Ricard

Obra tecida por encontros inovadores, integrando ciências e tradições contemplativas, revelações de pesquisas e especialidades na psicologia, biologia evolutiva, filosofia, economia e neurociências, onde o rigor científico e a experiência do autor abrem novas perspectivas – realistas e otimistas – sobre a natureza humana, o amor altruísta e a compaixão, o senso de responsabilidade e boa vontade para com nossos semelhantes e os animais. Passo a passo, demonstra como nossas sociedades tendem a encarar as emoções – que geram mal-estar, ódio, raiva, inveja, ciúme – e de que forma treinar a mente para superá-las. Do mesmo autor de *Felicidade* e *Em Defesa dos Animais*.

GRÁFICA PAYM
Tel. [11] 4392-3344
paym@graficapaym.com.br

Texto composto na fonte Whitman.
Impresso em papel Polén 80gr na Gráfica PAYM.